Björn Ludger Fredrik Nonhoff - Liebend gerne Liebend

Björn Ludger Fredrik Nonhoff

Liebend gerne Liebend

Poesie
&
Märchen

Mai 2001

Gestaltung und Design: BLFN

Copyright Björn Ludger Fredrik Nonhoff

1.Auflage.
Von dieser Auflage existiert eine auf Hundert Stück limitierte, handsignierte und numerierte Spezialausgabe mit Centerfold Gedicht. Diese Ausgabe erhalten sie nur beim Autor oder unter www.bjoernfredrik.de.

Herstellung:
Books on Demand GmbH, Norderstedt

ISBN 3-8311-2090-0

Kontakt:

Björn L. F. Nonhoff
Bajuwarenstr 8
85567 Grafing
poet@kabarnett.de

www.bjoernfredrik.de

Für meine Familie

Inhalt

Grafing, den 2. Mai 2001

„Ist der Anfang erst gemacht,
dann ist das Ende schon voll Pracht"

Möge dieses Buch die Herzen vieler Menschen erfreuen

Ein Herzlicher Dank geht an meine Freunde, die mich bei der
Fertigstellung dieses Buches unterstützt haben. Und an das
Publikum, das in den Genuß der klingenden Poesie gekommen
ist und kommen wird. Denn trotz

„Meine Musik geht nirgendwo hin, ohne mich" (Novecento)

gehen meine Werke jetzt auch ihre eigenen Wege. Mögen sie
viel Glück auf diesen Wegen haben und ihre Schönheit sich
entfalten.

Alles Liebe

Björn Ludger Fredrik Nonhoff

Märchen

Der Schmetterling

Ein kleiner Schmetterling flog in die Wüste, um die Sandkörner
zu zählen. Da entdeckte er die Sterne und staunte über ihre
Schönheit. Er flog zurück zu seiner Familie und erzählte von
den Sternen.

Der Stern

Es war einmal ein kleiner Stern, der hoch oben am Himmel
zwischen all den funkelnden und glitzernden Sternen tanzte.
Wie jeder Stern war er zufrieden mit seiner Aufgabe, alle
Wesen durch sein Funkeln daran zu erinnern, daß die Freude
und das Glück immer da sind, für jeden, wo und wie er auch
immer sein mag. Er ging seiner Berufung mit viel Liebe und
Hingabe nach und war ein wichtiger Teil eines komplexen
Sternbildes. Jeden Morgen fuhr er mit seinem großen Wagen
zur Milchstraße. Dort trank er etwas Milch und bereitete sich
auf seine allabendliche Vorstellung am Himmelszelt vor.

Eines Nachts erblickte dieser Stern die Erde, diesen
geheimnisvollen blauen Planeten der da unter einer Sonne und
einem Mond seine Runden drehte. Und der Stern bemerkte,
daß viele der Menschen in ihrem ewigen Arbeiten, Schaffen, ja
selbst im Streben nach Glück das glücklich sein selbst vergessen
hatten. Er funkelte in seiner vollsten Schönheit und mit seinem
hellstem Licht, doch sie bemerkten ihn nicht und waren weiter
mit sich, ihren Problemen und Aufgaben beschäftigt. Niemand
bemerkte ihn und so konnte er auch niemanden sein Geheimnis
zuflüstern, daß das Glück und die Freude ein Teil von jedem
ist, und das alles da ist was zum glücklich sein reicht.

Das machte ihn sehr traurig. Er war unglücklich und verliebt
zugleich. Tief in seinem Inneren spürte er diese große
geheimnisvolle Sehnsucht. Was sollte er tun ? Er hatte nur ein
Leben und dies schien ohne die Erde keinen Sinn zu haben.
So beschloß er eines klaren Sternentages seine Heimat, den
Himmel zu verlassen. Er verabschiedete sich von seinen

funkelnden Freunden und nahm seinen ganzen Mut zusammen
und ließ sich als Sternschnuppe auf die Erde fallen.

Doch bei dieser Reise bedachte er nicht den weiten Fall, und
auch nicht den lauten Knall den es dann am Ende gab. Der
Stern brach in zwei Teile, und sein wunderbarer funkelnder
Sternen Schein erlosch. Es war wieder dunkel. Und da waren
jetzt nur diese seltsamen Scherben, die hilflos auf der Erde
wandelten, ganz weit weg von ihrer Heimat. So weit weg, daß
auch sie vergessen haben, woher sie kommen und wohin sie
gehen. Doch tief in ihrem Inneren ist dieses Wissen so strahlend
wie ein Stern. Es ist in jedem von uns und wartet darauf wieder
entdeckt zu werden.

Die Menschen, die ihren Stern gefunden haben kann man an
dem Glitzern in den Augen erkennen. Und an diesem sanften
Licht, das sie ausstrahlen. Es ist wie ein Flüstern das dir sagt, es
ist alles da für Dich. Es ist alles da für Dich.

Peters Traum

Peter wollte fliegen lernen. Nicht mit einem Flugzeug, auch
nicht mit einem Fallschirm, sondern einfach so, wie er ist. Das
war sein größter Wunsch. Doch von wem sollte er das lernen ?
In der heutigen Zeit traf man so wenige Menschen die fliegen
konnten. Daher besuchte Peter in den Träumen eine Flugschule.
Nach einigen Jahren intensiven Träumens konnte Peter sogar
schon Loopings Fliegen und war fast so geschickt wie ein
Vogel. Jetzt suchte er einen Lehrer, der ihm zeigte, wie man
seine Träume in diese Welt bringen konnte. Denn solche
Menschen findet man leichter als man denkt. Erst gestern flog
so jemand an mir vorbei.

Die Sonne

Eines Sonntages entschloß sich die Sonne in den Urlaub zu
fliegen. Sie wollte etwas Abwechslung und Erholung. Also
fragte sie andere Sonnen, ob diese für sie eine Zeit lang

scheinen und strahlen wollten. Doch wen sie auch fragte, alle
hatten zu tun. Da wurde die Sonne sehr traurig. Das bemerkten
ihre Freunde, die Planeten. Und um die Sonne wieder
aufzuheitern, fingen sie an ein Fest zu organisieren. Es wurde
ein großes Fest, das sehr lange dauern sollte. Voller Freude
tanzten die Planeten um die Sonne und Nachts leuchteten die
Sterne. Da war die Sonne wieder glücklich und strahlte.

Der Traum

Mitten in der Nacht flog ein Traum umher und suchte einen
Träumer. Er fand ein Kind, das in einem Hochhaus lebte.
Endlich angekommen legte sich der Traum, müde von seiner
langen Reise, neben das Kind ins Bett. Er schlief ein und fast
hätte der Traum verschlafen. Gerade noch zur rechten Zeit
wachte der Traum auf und kletterte in den Schlaf des Kindes.
Dieser war sehr glücklich über den Besucher, denn der Schlaf
war jetzt schon eine Woche lang jede Nacht alleine gewesen. Er
fragte den Traum, wo er denn so lange gewesen ist. Da erfuhr
er, daß der Traum auf einer großen Reise war. Während dieser
Reise erlebte er neue Abenteuer, die er dann den Träumern
erzählen konnte.
Jetzt wurde der Schlaf natürlich neugierig und wollte auch
träumen. Spannende Erlebnissen von fremden Ländern und
großen Tieren. Doch er selbst durfte noch nicht einschlafen,
denn erst sollte ja das Kind träumen. Der Schlaf ist natürlich
wach, solange der Schläfer schläft. Erst wenn der Schläfer
erwacht, kann sich der Schlaf schlafen legen.
Als das Kind aufwachte freute es sich über den schönen Traum,
den es in dieser Nacht geträumt hatte.

Namens Los

Es war ein Pferd. Das lebte auf einer kleinen Insel. Dort gab es
alles, was es zum Leben brauchte. Einen See mit klarem Wasser,
große saftige Wiesen und viele andere Pferde, mit denen das
Pferd Spaß haben konnte. Doch das Pferd war traurig, denn es
hatte keinen Namen. Es gab auch niemanden, der dem Pferd
einen Namen geben konnte. Nicht auf der Insel, auf der das
Pferd lebte. So beschloß es eines Tages, in das große Meer zu
gehen um irgendwohin zu schwimmen, wo es einen Namen
bekommen kann. Als es schon ein paar Tage geschwommen
war, traf es auf ein Boot mit einigen Menschen. Die sahen das
Pferd und nannten es Nichtschwimmer. Darauf hin versank
Nichtschwimmer mit seinem neuen Namen im Meer.

Der Sonnenuntergang

Es gab einmal ein Land, das so versteckt lag, daß es nur ganz
wenige Menschen kannten. Das besondere an diesem Land
war, daß es dort keine Uhren gab. Man stand mit der Sonne auf
und ging wieder ins Bett, wenn sie unterging. Es gab auch
keinen Strom und keine Autos. In diesem Land lebte ein alter
Mann. Er hörte sich gerne Geschichten an. Besonders die von
den Gästen aus anderen Ländern. Die kamen in dieses Land,
um mit der Sonne aufzustehen und mit der Sonne ins Bett zu
gehen. Sie erzählten ihm von Uhren, von Elektrizität und von
Autos. Einige hatten sogar Fotos ihrer Heimat dabei, die sie
dem alten Mann zeigten. Einige Besucher rauchten Zigaretten.
Das liebte der alte Mann besonders. Denn er konnte in ihrem
Rauch Geschichten lesen. Die Geschichten der Seele.
Geschichten die von der Sonne, dem Mond und den Sternen
geschrieben wurden. Meist lächelte der alte Mann, legte sich
zufrieden in sein Bett, nachdem die Sonne in seinem Land
untergegangen war.

Der Wurm

Irgendwo in einem Wald wohnt ein kleiner Wurm. Er freut sich
über den Regen der auf die Erde fällt. Wie seine Freunde
wurmt er nach oben in eine Pfütze, um zu baden. Ist doch klar,
daß ein Wurm wurmt, denn nur ein Kriech kriecht. Ein Pferd
würde pferden und ein Wurm wurmt eben. Ein Vogel kommt,
ißt ihn und fliegt davon. Märchenhaft.

Sümpolisch

Wieviel Zeit hat ein Tag, fragte ein Schüler seinen Lehrer. Der
sagte vierundzwanzig Stunden. Als der Tag das hörte wurde er
neugierig. Denn bis jetzt dachte der Tag, er hätte nichts was
ihm gehörte. Auf einmal aber, so besäße er vierundzwanzig
Stunden. Das fand der Tag großartig.

Er erzählte die Neuigkeit gleich seinem Freund, der Straße. Die
beneidete den Tag und sagte, wenn sie auch nur eine Stunde
hätte, so würde sie sich zusammenrollen und sich von dem
vielen Tragen erholen.
„Was trägst du denn ?", wollte der Tag wissen.
„Ich trage die Menschen auf ihren Wegen, die Menschen in
ihren Wägen und in der Mitte trage ich weiße Streifen, damit
die Menschen sich besser zurechtfinden können."
„Ach so." sagte der Tag und schenkte der Straße eine Stunde.
Die Straße rollte sich glücklich zusammen. An diesem Tag kam
der Lehrer zu spät zur Schule, denn er fand die Straße nicht
mehr.

Das Meer

Jede Welle trug ihr eigenes Geheimnis und schwieg, bis sie es an den Strand spülte. Dort vermischten sich die ganzen Geheimnisse zu einem Rauschen, das wie Musik klang.

Ein dunkelblauer Fisch konnte ein wenig mit den Wellen reden. Sie verrieten ihm die Existenz eines Ortes, an dem die Zeit still steht. Der Fisch machte sich auf, um diesen Ort zu finden. Er fragte große und kleine Fische nach dem Weg. Fast alle waren, ohne es zu wissen schon einmal an diesem Ort gewesen. Als sie gefragt wurden erinnerten sie sich daran. Aber niemand konnte dem Fisch den Weg zu diesem Ort zeigen.
Vielleicht hätte der dunkelblaue Fisch diesen Ort niemals gefunden, hätte er nicht eines Tages die Delphine gefragt. Sie freuten sich über seine Frage und führten ihn zu dem Ort, an dem die Zeit still steht. Das seltsame war, daß dieser Ort nirgendwo und zugleich überall war.
Die Zeit stand still. Kurz. Lang. Sie stand einfach still.

Der dunkelblaue Fisch wußte nicht viel. Nur, daß er das Meer liebte. Er liebe es von ganzen Herzen.

Hier, in den Tiefen des Meeres, zwischen dem Knistern der Korallen und dem Wachsen der Muscheln schwamm ein Seepferdchen vorbei und sah den Fisch, der wie verzaubert strahlte. Der Fisch erzählte ihm von dem Ort an dem die Zeit still steht. Das Seepferdchen erzählte stolz, es habe einen Namen. „Nichtschwimmer". Der Fisch wunderte sich und dachte, das ist aber ein komischer Name für ein Seepferdchen. Wo der wohl her kommt ? Er schwamm weiter und erzählte seine Geschichte den Wellen, die sie an den Strand spülten. Rauschen. Ein Rauschen das wie Musik klang. Dunkelblaue Musik.

Ein Sandkorn lag am Strand und dachte bei sich, wie schön das Meer doch singen kann. So schön und dunkelblau.

Der Vogel

Es war einmal ein Vogel, der den Regen liebte. Niemand wußte
warum, nicht einmal er. Doch sobald dunkle Wolken aufzogen,
flog er voller Vorfreude in die Lüfte, um der Erste zu sein, der
die Regentropfen begrüßen konnte. Alle anderen Wesen
suchten Unterschlupf. So hatte der Vogel den ganzen Himmel
für sich allein.

Dort tanzte und spielte er mit dem Regen und freute sich.
Freute sich über die Tropfen, die sein Federkleid berührten. Das
freute wiederum den Regen und machte ihn glücklich. Er ließ
sich voller Hingabe aus den Wolken fallen und suchte den
kleinen Vogel um mit ihm und dem Glück zu tanzen.

Eines Tages, das Glück war gerade so laut, da hörte es die
Sonne sogar durch die dicken Wolken hindurch. Sie wurde
neugierig, blickte durch eine Lücke in den Wolken und sah sie.
Den kleinen Vogel, den Regen und das Glück. Dieses
Schauspiel gefiel ihr so gut, daß sie ihm ihr Licht in den
schönsten Farben schenkte. Ein strahlender Regenbogen
schmückte an diesem Tag den Himmel..

Bei den Menschen heißt es, daß am Ende des Regenbogens ein
großer Topf voller Gold steht. Doch man hörte und sah nie
jemanden, der dieses Gold gefunden hat. Was man aber sehen
kann. Das ist das Glück. Das Glück eines kleinen Vogels, der
den Regen liebt. Das Glück des Regens und die Hingabe, mit
der er auf die Erde fällt. Und oft auch noch das eigene Glück,
auf dieser Erde lebendig zu sein.

Der Drache

Es war einmal ein kleiner Drache der Godfamo hieß. Er kam
aus dem Nikö Land, dem Land des Nicht Könnens. Doch im
Unterschied zu den vielen anderen Kreaturen aus dem Nikö
Land konnte Godfamo einige Dinge. Er konnte seine Zunge
herausstrecken. Dann hatte er vier bunte Ringelsocken an. Mit
ihnen konnte er seine Freunde zum Lachen bringen. Mit seinem
Schwanz konnte er zwei unterschiedlichen Spiralen formen, mit
denen er zaubern konnte. Und zwar her zaubern, das war die
Spirale nach vorne, und weg zaubern, das war die Spirale nach
hinten.

Godfamo kam eines Tages auf die Idee, sich aus dem Nikö
Land weg zu zaubern. Er bog seinen Schwanz nach hinten und
verschwand. Dann zauberte er sich auf ein Bild. Dort streckte er
die Zunge heraus, so wie es seine Art war. Es gab viele Wesen,
die an diesem Bild vorüber gingen und lachten, weil sie die
Ringelsocken von Godfamo sahen. Vor lauter Lachen kam
niemand auf den Gedanken zu Fragen, was der Drachen
eigentlich konnte. Und so merkte auch niemand, daß Godfamo
aus dem Nikö Land kam.
Es gab einige Betrachter, die dem Drachen die Zunge zeigten.
Doch das störte Godfamo nicht. Denn so weit wie er konnte
niemand seine Zunge herausstrecken. Einmal küßte ihn sogar
ein Schmetterling. Da war Godfamo glücklich und er beschloß
für immer in dem Bild zu bleiben. Außerdem zauberte er
jedem, der ihn sah mit seinen Ringelschwanz einen eigenen
Schmetterling herbei.

Wenn du jetzt Deine Zunge raus streckst, kannst Du vielleicht
auch den Kuß dieses Schmetterlings auf der Zunge spüren.

Der Zufall

Sie war schon immer sehr zerbrechlich. So sind wir Vasen eben,
sagten ihre Eltern. Doch sie wäre so gerne von der Fensterbank
gesprungen, anstatt immer nur Wasser und die Stile von
Blumen in ihrem Innerem zu tragen. Im Frühling wurde es ihr
zu bunt. Sie versuchte nach unten zu springen. Doch mit dem
Wasser und dem Blumenstrauß war sie zu schwer. Es gelang
ihr nicht, so sehr sie sich auch anstrengte. Als sie es schließlich
aufgegeben hatte kam eine Katze vorbei und stieß sie hinunter.

Der Feigling

Ein Feigling ging in eine Stadt um sein Glück zu suchen. Das
lag auf einer Straße und sonnte sich. Der Feigling hatte keine
Ahnung, daß er es mit Füßen trat. So etwas würde er sich
niemals trauen.

Die Raupe

Eine Raupe fraß sich durch die Blätter einer Hecke. Auf einmal
kam ihr die Idee, ein Konzert zu veranstalten. Es kamen viele
Freunde, die Grillen, die Käfer und andere Raupen. Sie gaben
zusammen ein wunderbares Konzert. Das freute die Raupe.
Noch lange summte sie die wunderschönen Melodien vor sich
hin. Da entstand ein kleiner Satz in ihr:

Wenn ich mich zeige wie ich bin, freue ich mich.

Die Raupe freute sich und wurde ein Schmetterling.

Nono

Es war eine sternenklare Nacht. Der Vollmond schien als Nono
von seinem Vater zur Welt gebracht wurde. Und er sah, es war
gut so.

Als Nono zu einem kleinen Jungen herangewachsen war flogen
an seinem zehnten Geburtstag zwei Eulen über das Haus und
setzten sich an sein Fenster. Sie blickten Nono freundlich
zwinkernd in die Augen. Dabei schenkten sie ihm unbefangene
Freiheit, ein großes Herz und die Weisheit seiner zwei Füße.
Seit dieser Nacht trugen Nonos Füße ihn sicher an schöne Orte.
Es war gut so.
Tagsüber führten die Füße Nono in die Schule. Dort hatte Nono
viel Spaß mit den Kindern. Den Lehrern versuchte er etwas von
seiner Unbefangenheit und Freude zu schenken, doch die
wehrten sich meist und dachten dabei noch, den Kindern etwas
bei zu bringen. Das fand Nono und seine Freunde sehr schade.
Darum erdachten sie sich jeden Tag neue Spiele und Streiche.
Und wirklich, nach einiger Zeit fingen auch die Lehrer zu
lachen an. Und es war gut so.

Nono wurde älter. Als er in einer Vollmondnacht an einem See
saß, flüsterte der Wind ihm ein Geheimnis zu. Seit dieser Nacht
konnte Nono die Menschen zum lachen und zum singen
bringen. Es waren seine Wörter und sein Gesang. Sie kamen
von ganz innen. Dort wo die eigene Stimme wohnt und die
kraftvollen Wörter geboren werden. Er kam an viele schöne
Orte, erzählte Geschichten und sang kleine Lieder. So berührte
er viele Menschen in ihrer Seele. Und auch diese fanden ihre
Stimme und den Ort an dem ihre Wörter wohnten. Und es war
gut so.

Lieder

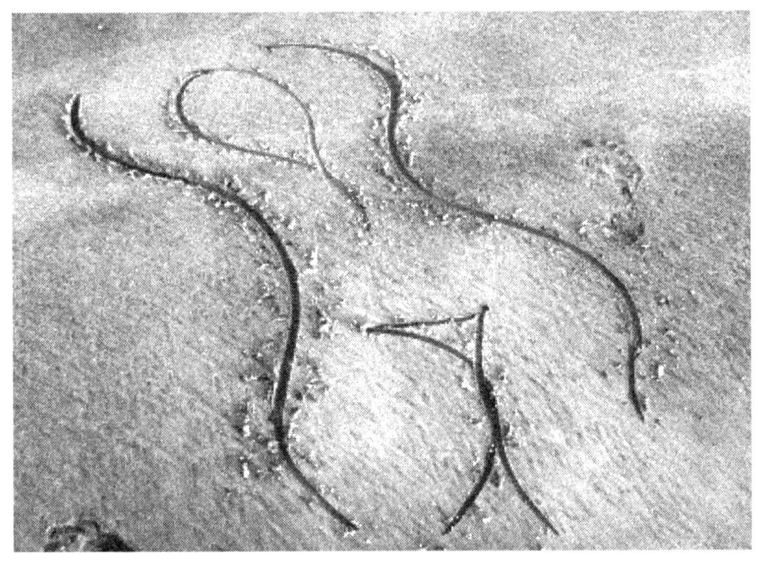

Find Deinen Klang

Wir machen alle kleine Schritte
hilflos wie wir sind
Lernen erst das Gehen
dann das Leben als ein Kind

Jetzt sind wir etwas größer
und wackeln nicht so sehr
Doch sind wir noch verletzlich
und öfters sogar mehr

Verlieren unsere Träume
gewinnen unsere Angst
Sie zeigt uns wo wir finden
was schon verloren war

Mach Deine kleinen Schritte
Es lohnt sich sicherlich
Zum Leben Ja zu sagen
das Neue mal zu wagen

Find Deinen Klang, leb Deinen Traum
Laß Deiner Freiheit ihren Raum
Denn ist der Anfang erst gemacht
dann ist das Ende schon voll Pracht

Für immer, für nie, für mich

Ohne das Brauchen und Kriegen
bleibt der Frieden
ich fliege, ich fliege, ich fliege

Mit dem Mut und neuen Ideen
kommt die Lust am Leben
ich fliege, ich fliege, ich fliege

Zerbrechlich und neu
sind all die Welten
in denen ich mich
jetzt ohne dich
mit mir und für mich
vorsichtig bewege

Frei im Vertrauen
frei im Herzen
fühle ich es brennen
für mich, für mich, für mich

Frei im Glück
frei von gewohnter Geborgenheit
wunder ich mich noch über die Flügel
die mir gewachsen sind

Sie tragen mich hoch über die Gewohnheiten hinaus
in eine neue Möglichkeit hinein
So lande ich mit neu gewonnenem Vertrauen
für immer, für nie und für mich

In der Ferne erklingt das sanfte Lied
für immer, für nie, für sich
ich fliege, ich fliege, ich fliege

Sommerlied

Bringe farbige Blumen zum blühen
Mach alle Wiesen ganz grün
Male den Sommer in Deine Welt
Tanze, als ob dich nichts mehr hält

Denn es wird nicht immer nur Sommer sein
Auch ist es nicht immer nur schön
Doch selbst in Tränental und Jammerland
Ist die Sonne wohl bekannt

Gehe, wohin Dein Herz dich treibt
fang Dir ein Lachen dabei ein
Und wo ein Teil Deiner Seele bleibt
Da fühle Dich wohl und sei daheim

So bleibst du lebendig wie ein Kind
Lade Deine Freunde dazu ein
Spring über Deinen Schatten schneller als der Wind
so wird es dann bald Sommer sein

Es scheint nicht immer die Sonne
Es ist nicht immer nur warm
Doch auch wenn kalter Regen fällt
Kann es schön sein in dieser Welt

Jage Träume, fang Wünsche, sing beschwingt
sei frech, fröhlich und frei
Begrüße, was der Tag heute bringt
das Glück ist sicher mit dabei

Jetzt ist der Moment Deiner Kraft
lebe Dein Leben sehr vergnügt
wenn Du etwas mal nicht gleich schaffst
ist schon viel da, was sich selbst genügt

Gullaschsuppe

Nachts um halb drei, die Straßen sind leer
Der Whiskey ist aus, mein Leben so schwer
Zu viele Drogen zu oft genommen
ist mir vieles einfach so davon geschwommen

Jetzt sitze ich hier, allein zu Haus
Schaue traurig aus dem Fenster raus
Es gibt niemand mit dem ich reden will
alles um mich ist ganz finster und still

Doch ich geh in die Küche und setze dich auf
meinen Elektroherd, den schalt ich dann ein
So nimmt das Leben wieder seinen Lauf
bald wird alles ganz anders sein

Oh Gulaschsuppe, du bist mit lieber als jede schicke Puppe
Wenn ich dich esse, dann schmelze ich dahin
Du gibst meinem Leben den richtigen Sinn

Oft deprimiert, weil gar nichts passiert
oder viel zu viel, und ich kenne mich nicht aus
Spüre nur wie mein Leben an Farbe verliert
bleibe öfters mit mir alleine zu Haus

Doch geliebte Momente, in denen ich Dich habe
Denn kaum hab ich zwei Löffel von Dir gegessen
gibt es für mich keinen Grund zur Klage
Und all meine Probleme sind sofort vergessen

Nachts um halb drei auf der Autobahn
zwischen München und Passau habe ich mich verfahren
In einer kleinen, dunklen Raststätte, die wie mein eigenes
Begräbnis ist, sing ich wieder dieses traurige Liebeslied
Von dir meiner kleinen Gulaschsuppe.

Oh Du meine Gulaschsuppe
Nimm mich mit auf Deinen Fleischklößchen Trip

Vielleicht

Ich sagte nicht ja und sagte nicht nein
So konnte ich öfters nicht ganz ehrlich sein
Ließ mich fallen, mal mit mal ohne Sinn
Das Leben ein Spiel, mal mit mal ohne Gewinn

Ließ mich treiben von Ort zu Ort
Mal blieb ich da, dann wollte ich fort
Mal war ich oben, dann war ich wieder unten
Am Ende war ich dann fast ertrunken

Vielleicht war es viel zu leicht
Vielleicht zu sagen
Vielleicht war es so viel leichter
mein Leben zu leben

Anstatt etwas ganz oder gar nicht zu haben
Einfach das Nehmen der eigenen Freiheit wagen
Doch ganz tief in mir drin
ist mein Stil ganz einfach und still

Vielleicht wäre es viel zu leicht
Vielleicht zu sagen
Vielleicht wäre es so viel leichter
mein Leben zu leben

Jetzt mach ich, was ich tun will und mach es real
trotz all meinen Ängsten, ob das zum Glücklich sein
Denn es liegt mir im Herzen wie ein goldener Gral
und das macht viel Schweres dann doch ganz leicht

Dann sag ich ja oder sage auch nein
Werde öfters einfach aufrichtig und ehrlich sein
Denn mein Leben ist ein wertvolle Gabe
Mit der ich Liebe und Musik in die Welt hinein trage

Es ist nicht immer leicht, mein Leben zu leben
und zwischen all dem Leid lebendig zu bleiben

Doch es ist das Herz und die Musik
Die meiner Seele Frieden und Zufriedenheit gibt

Denn zufrieden und glücklich kann jeder viel geben

Texte

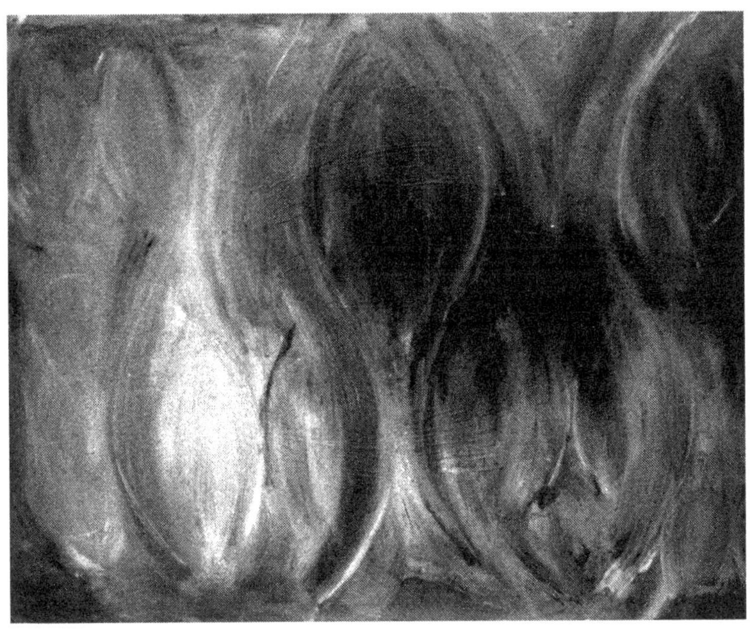

Bargesang

Schluck für Schluck
Glas um Glas
Augen auf, Augen zu

Nur nicht mehr müde, gelähmt oder wie ferngesteuert durch
die Ecken der Geschichte tanzen. Endlich selbst, Schluck für
Schluck, das Geschehen der Welten lenken.
Ein Lachen nach rechts, zwei Blicke nach links,
das Geld nach vorn und den Fluchtweg immer offen.
Im richtigen Moment gekonnt bestellen,
etwas konsumieren, genießen wenn möglich und den ganzen
Trott ertragen.
Ob als Ruhe im Sturm oder als Gewitter in der Brust
Die Musik brütet: 1-2-3,1-2-3
Lust
eine Kneipe gegen den Frust
eine Disco für die Lust

Das sind die kleinen Abenteuer nach Sonnenuntergängen
auf Tischen zu klopfen, mit den Göttern zu trinken
nur ja nicht im Büromief versinken.
Dann, ja dann geht es weiter
auf der Stelle, rotieren, passieren, stehen und gehen.

Verständlich vergehen und bestandlos gegangen.
Sitzen, stehen, fallen oder liegen, mit Glück sogar in Fallen
fliegen
Ungewiß und verleitet die Kontrolle abgeben
Glas um Glas
Schluck um Schluck.

Nach Flaschenpost suchen, Bedienungen rufen und mit gutem
Wissen schlechtes Gewissen
betäuben, das Bewußtsein zerstäuben
Rauschend die Straße zu einem Fluß umgestalten
So wandeln sich bunte Lichter zu betörenden Welten
Laternen werden zu Freunden.

In kleinen persönlichen Kneipenkriegen lassen Krieger dann
die Masken und Waffen
fallen. Einige mit unsichtbaren Feinden beschäftigt, andere
einfach nur lallend.
Glas um Glas und Schluck um Schluck.

Nicht um zu finden, auch nicht zu verlieren. Ganz einfach auf
Tour, routiniert konversieren, mit Geld in der Tasche die
Türsteher passieren.
Zur nächsten Kaschemme, auf den nächsten Hocker, am besten
mit Lehne, um nicht umzukippen. Immer den Rinnstein
meiden, in dem dann doch wieder der Abfall schwimmt.

Ein Gedeck serviert und viel mehr getrunken, die Stunde und
der Kopf sind in die Hose gesunken. An einer Spülung ziehen,
das Wasser ist kalt, die Kacheln verschwommen. Benommen
benimmt man sich mal daneben. So ist das eben.

Ob ich denke oder pisse, alles läuft ins Ungewisse,
Ob ich pisse oder denke, das Geld bleibt an der Schenke
Der Kopf kriegt langsam Risse.

In der Dunkelheit singen und auf das Karussell aufsteigen
sich an Zigaretten festhalten und mit dem Rauchwolken
unausgesprochene Sätze in die dunstige Luft blasen.
 Die Müdigkeit besiegen. Glas um Glas und Schluck um
Schluck.

Jetzt dreht sich's, Jetzt dreht sich's und das Licht geht aus.

Abschied

Die Augen langsam schließen. In der Dämmerung ein Paradies
vorstellen, und die Gefühle fließen aus unendlich vielen
Quellen.
Entspannen und sich wärmen lassen, in den Seen der
Geborgenheit zärtlich all die Sonnenstrahlen spüren, die auf der
Haut ihre Spiele treiben. Dabei zeitlos in sich selbst versinken
und wieder aufsteigen auf die Gipfel. Von diesen dann auf
Wolken hüpfen, über Welten schweben und in Höhlen tauchen.
Sich am Geruch des Sommers besaufen. Immer wieder. Immer
noch. Die Augen zu, die Augen ruhig. Und dabei den Abschied
als Anfang eines neuen Augenblicks erleben.

Wink den Momenten des Glücks hinterher. Frei sich weg-
begeben. Ein Teil vom Herzen bleibt noch in einer letzten
Umarmung da, küßt die vergangenen Momente, kehrt zu mir
zurück und verwandelt sich in Sehnsucht.
Den letzten Blick im Gedächtnis, den Geschmack eines Kusses
auf den Lippen. Ungewiß, was kommen wird, schließt sich die
Tür des Zuges. Tränen drücken an die Augen um hinaus zu
kullern, gepaart mit Freude über das Erlebte formt sich ein
feuchtes Lächeln, das von winkenden Händen getragen wird.

Abschied. Die Augen schließen. Das Gemisch der Gefühle
kosten. Dann wieder Stille. Atem. Lebendige Situationen
verblühen langsam. Nähe, Schweiß, Tränen, Träume, und viel,
viel mehr. Ich schlucke und so wird das alles in Erinnerungen
und Koffern verstaut.

Abschied. Weiter. Bis bald, flüstere ich in mich hinein, bis bald.
Nehme meinen Platz im Zugabteil ein. Als ich ein Buch
aufschlage fliegen die zarten Gedanken wild durcheinander,
setzen sich irgendwo ab oder sie begegnen mir irgendwann,
irgendwie wieder.

Mit Abschied leben
Liebend Abschied nehmen.

Blumen am Arsch der Hölle

Die Blumen am Arsch der Hölle sind verwelkt.
Die Gläser gefüllt, doch kein Durst und ein Gefühl wie eine
Wüste.
Hier in der Stille eines Klos kommt Klarheit in die Leere.
Verschlafen fällt die Müdigkeit zu Boden.
Älter geworden,
älter als gestern,
jünger als morgen
Ich beschäftige mich mit der Frage, ob ich
gelernt oder verlernt,
gelebt oder verlebt,
geliebt oder verliebt habe oder bin ?
Ein starrer Blick auf die verwelkenden Blumen am Arsch der
Hölle gerichtet. Es war nicht immer so. Haß klebt an
unveränderlicher Ewigkeit und die Erinnerung schmiegt sich
lächelnd in alte Gerüche, die vorbei schweben. Sterne fallen
vom Himmel. Träume zerplatzen oder verwandeln sich in
Realität. Lange verweilt die Faulheit neben der Trägheit, paart
sich mein Bett mit meinen Gedanken.
Flecken, immer mehr Flecken.
Bis mich mal wieder der Mond in einer Nacht zum Tanzen
ausführt.

Doch wer soll mit mir tanzen ?
Die, die zu normal sind ?
Wer soll mich noch halten ?
Die, die zu verrückt sind ?

Mein Vertrauen versteckt sich, wie die Tränen, die die Blumen
am Arsch der Hölle gegossen haben. Die Distanz wird größer,
die Gefahr wird kleiner
und alles nichts,
alles nichts,
nichts alles.

So oder so, nach zehn Minuten schalte ich das Licht auf dem
Klo wieder an, drücke die Spülung, öffne die Tür und gehe
wieder hinaus, auf das Fest mit diesen Menschen. Einige von
ihnen wundern sich über das Gedicht an der Klotür, machen
das Licht aus und begeben sich auf ihre eigene Reise.

Ich pflücke eine verwelkte Blume, schenke sie mit einem
Lächeln einem Mädchen und frage die hübschen Augen, ob ich
die Rose verschenkt oder geschenkt habe,
ob sie verliebt oder geliebt werden will.

Danach kann ich verschwinden und gehe.
Die Blumen am Arsch der Hölle sind heute einfach zu verwelkt.

Atem

Wenn mich Freunde überraschend besuchen, wächst die
Freude in meinem Herzen und die Stimmungen werden farbig.
Wir können zusammen in Momente eintauchen, Erlebtes
austauschen, den Tag oder die Nacht anmalen. Gläser leeren,
auf die stinkenden Misthaufen und den ganzen schleimigen
Trott schimpfen. Wir füllen gemeinsam die Räume und manche
Aschenbecher, plärren, umarmen, flirten, sind uns nah. Streit
von den Mauern brechen, Witze erzählen und Tränen trocknen.

Wunderbar, wie die Zeit so fliegend durchschwebt werden
kann. Man wird im Fallen aufgefangen, kann sich in die Augen
und Herzen sehen. Geliebte Begegnungen, mit bekannt
Unbekannten oder unbekannten Bekannten. Alte Wunden,
Sprachlosigkeit im Wechsel mit wildem Geschnatter. Ich liebe
es, ich liebe Euch, und zahle gern die nächste Runde.

Mein Kühlschrank steht offen und wenn Du ein Handtuch
brauchst, das Bad ist die zweite Tür links. Wißt Ihr noch, könnt
Ihr Euch erinnern. Deutsche Schlager wurden in Autos zum
Besten gegeben. Habt ihr schon gehört. Und übrigens. Der
Klaus von früher heiratet jetzt. Was ? Ein Kind. Ach das ist ja
schön. Nicht mehr zusammen ? Das habe ich ja schon immer
geahnt. Ist ja unglaublich.

Einige sind krank, andere ausgewandert. Die eine ist neulich
erst wieder ausgeflippt. Der eine langweilig, der andere
etabliert, manche hängengeblieben und eine, ja eine ist leider
verstorben. Der Lauf der Zeit. Oft wundervoll, manchmal
seltsam und eben auch grausam.

Akzeptieren, essen, schlafen, revolutionieren. Es passiert, es
geschieht. Lieben, trennen, hassen, sterben. Er sie es kommt. Du
wir alle gehen. Bleiben stehen. Mal sehn, wie es steht.

War etwas ?
War etwas, was wahr war ?
Vergangenheit, Zukunft, Wahrheiten und Lüge.

Hier und jetzt prost ich Euch zu, trinke auf das Leben, tanze auf den Tag, auf all die Stunden, und überhaupt. Eingeteilt, verteilt, geteilt, Leid. Bei sich, bei mir, bei Euch. Bis, wann und wenn mich Freunde überraschend besuchen. Oder die Einsamkeit.

Wenn mich Freunde überraschend besuchen, wächst die Freude in meinem Herzen und die Stimmungen werden farbig. Wenn mich die Einsamkeit besucht, wachse ich auch. Atme ein, atme aus. atme ein, atme aus. Hier ist der Text jetzt aus.

Einsamkeit

Die Götter verstecken sich hinter den am Tisch stehenden und liegenden Bierflaschen. Die Musen der Erinnerung lassen sich mit abgestandenem Bier den Abfluß hinunterspülen. Nur zerknüllte, am Küchenboden liegende Papierfetzen und gefüllte Aschenbecher erinnern an die Philosophien der gegangenen Gäste.

Kalter Rauch klebt an der Tapete.
Im Wohnzimmer hat sich eine Jazzplatte aufgehängt und Töne der Melancholie schweben träge herüber. Ich blicke auf die kahle Wand und frage mich:

Wer wohnt hier eigentlich ?
Ist es die Tapete, die von den Wänden blättert ?
Sind es die Fliegen, die sich in den verdorbenen Früchten vermehren ?
Oder ist es die Angst ?

Ich blicke auf das Sofa.
Das Sofa ist die Antwort.
Das Sofa ist leer.

Auf einmal blickt sie mich an,
mit ihren großen runden Augen
und sie fängt an, mit mir zu sprechen

Hallo, schön, daß ich Dich mal wieder treffe
und das Du Zeit für mich hast.
Ich habe Dich schon oft vergeblich gesucht,
aber Du hast mich nicht gesehen und nicht gehört.

Bist ins Kino gegangen, im Urlaub gewesen, hast Dich an Zigaretten oder Bierflaschen festgehalten, aber mich hast Du nicht bemerkt. Ich habe Dich sehr vermißt.

Ich bin froh, Dich wenigstens jetzt zu erreichen.

Wer bist Du ? Wollte ich wissen.

Ich bin Deine Einsamkeit.

Und während sie das mit ihrer strahlenden Stimme zu mir
sagte, wurde mir ganz warm um mein Herz. Mir war,
als ob ich in meine Vergangenheit, Zukunft und Gegenwart
zugleich eintauchen würde. Von einer guten Freundin in die
Arme genommen wurde. Ganz fest gehalten, ganz leicht
berührt.

Langsam stand ich auf und setzte mich eine lange Weile neben
meine Einsamkeit auf das leere Sofa. Dann nahm ich sie bei der
Hand und fing an durch meine Wohnung zu tanzen. Langsam.
Zärtlich bewegten wir uns durch die Zimmer. Nur ich und
meine Einsamkeit. Und diese Musik, die so klang, als ob sie
schon immer dagewesen sei. Dunkelblau.

Poesie

Der Mond

Der Zauber des Mondes
in seinem versöhnlichen Schein
läßt die Traumwesen der Nacht
glänzend und lebendig sein

Ein großes göttliches Rund
singt freundlich gestimmt
silbern und aus vollem Mund
bis die Weisheit erklingt

Vertraut eurem Wesen
Vertraut eurer Kraft
Denn Vertrauen ist
was Göttliches schafft

Die Ameise

Eine Ameise hat sich in später Nacht
eine Revolution mal eben ausgedacht

Damit sie den Staat nicht vor dem Tage wecke
schlief sie alleine unter einer Hecke

Als die Sonne dann aufgeht
ist sie es, die nichts mehr versteht

Denn was sie revolutionieren wollte
ist schon von selbst geschehen

So schläft sie wieder unter ihres Gleichen
und stellt im Schlaf jetzt weiter Weichen

Die Geburt

Es war einmal ein junger Mann
der wollte ach so gerne schwanger sein
Er sah mit Neid zu all den Frauen
in deren Bäuchen neues Leben am Gedeihen

Er trank viel Bier
und aß seine Idee
Bis auch sein Bauch
anfing zu wachsen

Er trug ihn mit Stolz
im Unterhemd spazieren
Und freute sich ganz öffentlich
auf sein eigenes Kind

Für die Welt da draußen
war er verrückt
darum schritt er zur Tat
und ist auf die Bühne gerückt

Wo das Leben noch frei ist
so dachte er, da gebäre ich
mache das Verrückte
vom Wahnsinn zur Kunst

Hier steht er nun, der arme Tor
und ist so klug, als wie zuvor
Doch mit seinem Bauch
kann er was Goethe konnte
etwas anders auch

(hier formt der Bäuchige seine Hände zu Fäusten und streckt
sie, eine nach der anderen, dem Publikum entgegen)
Faust I
Faust II

Poesie

So wie zwei Blumen
oder besser vielleicht drei
flüstern dir kleine Worte
dich zu dir herbei
Leise, zärtlich
mit den Lippen
fast an Deinem Ohr
die Wunder
die Nähe
genießend
dann verstummend
still und warm
so wie zwei Blumen
oder so wie wir

Der Apfel

Ich begehre Dich
wie einen Apfel
Rot, rund strahlend
lockt mich schon die Hülle

Ich verzehre Dich
wie eine Frucht
Beiße in Dein Fleisch
voll Saft und Fülle

Verführerisch die Schale
fruchtbar dann der Kern
enthülle ich dich küssend
vernasche Dich einfach gern

Die Blume

Sei eine Wiese
voll von Wundern
So reichlich beschenkt
während sie ans Wachsen denkt

Sei eine Blume
und blühe geduldig
Zwischen Bienen und Gräsern
verschenke Deinen Duft

Sei ein Gras
und grüne glücklich
biegsam im Wind
beständig im Sturm

Der Regenbogen

 Regen biegt das Licht am Himmel
Sonne malt in Farbenpracht
Reichtum ist der Mut zu staunen
erfinderisch die Armut lacht

Die Sehnsucht läßt mich wieder spüren
ich lade sie in mein Leben ein
Tanze meinen Träumen jetzt entgegen
will mit ihnen wieder gänzlich sein

Erst einsam, dann beisammen liegend
sind die Wunder gern willkommen
allabendlich den Regenbogen biegend
zärtlich wiegend und vollkommen

Liebend

Liebend gerne ohne Worte
Liebend gerne ohne
Liebend gerne
Liebend

Kleiner Großer

Kleiner Großer

Kleine große Liebe

Kleines großes Herz

Kleine große Stunde

Kleiner großer Kuß

Großer Kleiner

Suche

Wo sind die Arme, die sich trauen
mich in Liebe fest zu halten ?

Wo sind die Hände, die mich streicheln
sanft und zärtlich, mit aller Zeit ?

Wo sind die Beine, die mich tragen
wohin mein Herz mich führt ?

Wo ist das Herz, das für mich schlägt
mein Blut pulsierend durch die Adern jagt ?

Wo ist der Kopf, der für mich denkt
mich durch die Lösung all dieser Rätsel lenkt ?

Wo ist das alles ?
Wo ist das nur ?
Wenn nicht an dem Hinterteil
auf dem ich sitze

Der Blumenliebhaber

Ich will Dich gerne pflücken
so betörend ist Dein Duft
Es würde mich sehr beglücken
auch Deine farbenfrohe Kluft

Komm laß uns kurz mal drücken
Das ist so meine Art
Grenzen zu überbrücken
vergnüglich, nah und zart

Ich will dich jetzt, in ganzen Stücken
mit Leib, Seele, Haut und Haar
Du kannst so gut entzücken
ich bin so gern ein Paar

Doch was ist mit meinem Rücken
ich kann mich nicht mehr bücken
So wird es mir nicht glücken
diese Blume heut zu pflücken

Zusammenhänge

Frühstück bringt Glück
manchmal
Zärtlichkeit bringt Geborgenheit
manchmal
Zuneigung lindert Schmerz
manchmal
Tränen befreien
manchmal

Tod heißt auch Anfang
Probleme sind eine Chance
und Träume was sie sind
manchmal

Späße bringen Lachen,
manchmal
Vergessen ermöglicht Weiterleben
manchmal

Küsse bringen mehr
und Sex bringt Kinder
manchmal

So fängt alles wieder da an
wo es aufhört
manchmal

Die Welt

Jesus hat Feierabend
Gott macht Urlaub
Der Zug fährt weiter
Das Wetter ist sonnig und heiter.

Es reitet der Reiter
Es schreitet der Schreiter
Wenn er fällt von der Leiter
tut es weh oder macht gescheiter

Es liebt der Lieber
Es malt der Maler
Noch mal normaler
bis Norm mal Noch
ein wenig ist
so Viel
noch nichts
vom Himmel herab

Sterne bei Nacht

Sterne bei Nacht
Wann sonst
und nicht
umsonst

Ihr glitzernd Funkelnden
sicherlich auch munkelnden
am Himmel schwebende
oder gar klebende
Ziele meiner Sehnsucht

Die, hör, schau, fühle mit Deinem Herzen
heut aufgelegt sind zu Scherzen
und Dich mit Engelsflügeln
auf einen Spaziergang tragen

Weg von Deinen Schmerzen hin
hin zum Reich der göttlichen Gaben
und Dich von dort oben
um Dein Leben auf Erden beneiden

Meine größte Sehnsucht

Meine Worte sagen viel
doch da ist so viel mehr
Es ist einfach so
und hat diesen wunder herrlichen Klang

Mal laut, mal leise
mal klug, mal dumm
Doch immer hell
von mir aus lila

So nehme ich den Mut
um die Glut
in ein Feuer zu verwandeln
und mit Kraft und Würde
durch mein kostbarstes Leben zu wandeln

Lachen

Ein Lachen allein
kann lustig sein

Ein Lachen zu zweit
das bringt weit

Ein Lachen zu dritt
nimmt leicht noch einen Vierten mit

Obwohl das Lachen allein
oft erst ermöglicht zu sein
gibt es Menschen die schreien

Wenn jeder verkracht
und niemand mehr lacht
wäre ein Spaß gut angebracht
den Jemand weise erdacht

Der Ball

Es war einmal ein kleiner, kleiner Ball
der hüpfte hin und her
mal hoch, mal tief
mal da, mal dort

Und irgendwann begegnete diesem Ball,
der übrigens blau war
ein Ball der rot war.
Ja, so war das.

eins zwei

Wenn zwei eins wird,
die Einsamkeit Wurzeln schlägt
und die Blume der Liebe anfängt zu blühen
dann fliegt ein kleiner Kuß zu Dir
Taucht durch die Nebel der Melancholie
zaubert etwas von mir auf Deine Lippen

Einen Moment, einen kleinen Moment nur
in dem die Sonne scheint und der Regen in den Pfützen tanzt
Sogar die Neonlampen entfalten ihre herrlichen Spiegelbilder

Schwarz-weiß weiße Wellen
Nur ein kleiner Moment, in dem ich bei Dir bin.

Ich spüre wie Deine Hand in meiner liegt
und Du neben mir bist
Ich weiß, wenn ich die Augen aufmache
sehe ich Dich.
Ich lasse die Augen geschlossen und genieße, daß es Dich gibt.

Lasse Dich zurückfliegen
dorthin, wo Du jetzt bist
Nicht ohne Dich vorher zu umarmen
mit Deinen Locken zu tanzen
und Dir zwinkernd zuzulächeln

Wenn zwei eins wird
die Einsamkeit Wurzeln schlägt
pfeif ich auf die Kälte und
sing mich durch die Welt
Hin zu Dir und hin zur Sonne.

Ich mache die Augen auf
eine farbiger Drachen tanzt am bedeckten Himmel
Meine Gedanken tanzen mit ihm
während zwei eins wird.

Gedankensprung

Ich habe es nicht gesehen
Ich war nicht dabei
Ich habe nichts gehört
Ich schlief

Habe es nicht gesehen
war nicht da,
hab es von anderen gehört
da war es zu spät

Einen Gedankensprung bist du
von uns entfernt
Einen Gedankensprung und
doch so weit

Ich springe oft zu Dir hin
Es wäre mir viel lieber, du wärst jetzt hier.
Ich vermisse Dich
Versuche zu akzeptieren, dich zu verlieren

Spring mit meinen Gedanken und Gefühlen
jetzt eben zu Dir hin

Dich in Erinnerung wohl behütet
in dieser großen Welt
Ist dies ein kleines Gedicht für Dich
mit einem Kuß im Herzen
und eben diesen Schmerzen

Während ich an Deinem Grab sitze und auf meine Tränen
warte folgen meine Gedanken dem Spiel des Windrades. Für
mich bist Du ein Vogel, den ich manchmal am Himmel sehe.
Viel Freude beim Fliegen, und viel Liebe beim Landen.
Vielleicht kannst Du meine Tränen sehen und Dir ein Nest
daraus bauen.

Eis

Eis ist kalt
Es schmeckt in der Stadt
und auch im Wald
In der Sonne, da schmilzt es bald

Wer es hat, der ißt es
Wer es nicht hat, will es gern haben
Kinder sind da oft am Klagen
kriegen es selten satt ein Eis zu essen

Und wie so mancher weiß
ist Eis eine kühle Speis
Und mit einem leckeren Eis
Wird es nicht so schnell heiß

und
und
und

Schlecken
Gelüste wecken
Schlürfen
lutschen
fröhlich grinsend am Stuhl sitzend
lachen und viel kleckern
da hat die Mammi was zu meckern

Den Mund beschmieren und in die Waffel tauchen
den letzten Tropfen suchen und über die Lippen lecken
MMMMhhh machen.

All das sind die Sachen
die das Eis dann
zum Ereignis machen.

Ertränkter Teebeutel

Mein Stuhl rollt unruhig vor einem Schreibtisch hin und her.
Ich sehe keine Gitterstäbe, doch sie sind da.
Mit diesem Gewissen werde ich gewissenlos einen Teebeutel
ertränken, anstatt mir die eigene Verrücktheit zu gestehen.

Stühle verrücken
Wünsche auf kleine Kieselsteine legen
Mit dem Wind um die Wette laufen
und Sonne, Mond und Sterne kaufen

Etwas später. Im Laub einer Wiese
mein Kopf ruht in Deinem Schoß
während wir den Tönen der Vögel lauschen
segnen uns die Wolken mit ihren Formen

Am nächsten Tag. Auf einer Leinwand
wahrhaftige Affen tanzen sehen
verspannt noch einmal normal wahnsinnig werden
weil ich mich schon immer trauen wollte
Nur mit wem ?

Mir ist die Lust vergangen
weil ich zu oft gekommen bin
Jetzt bin ich einfach dageblieben
und fange an, mich selbst zu lieben

Kleine Feder

Kleine Feder, du fliegst durch die Welt
Schenkst den Menschen das Wort
bringst Poesie, die ihnen gefällt

Kleine Feder, sei frech und sei frei
Schreib Deine Worte
für die Seelen herbei

Kleine Feder, Bote des Lichts
schenke die Freude
mit einem Gedicht

Kleine Feder, du Hüter der Stille
und Freund aller Feen
in Dir ist Deine Zauberkraft zu sehen

Kleine Feder, bitte lande bei mir
Erzähl von den Sternen
erzähle von Dir

Kleine Feder, ich hör Dir gerne zu
Ganz im Vertrauen
bei Dir find ich meine Ruh

Kleine Feder streiche über meine Haut
nimm meine Sorgen
und trage sie fort

Loreleigelb

Ich weiß, das soll bedeuten
daß mir zum Frohsein steht der Sinn
Auch ist es kein Märchen
daß ich so glücklich bin

Schwer fiel mir der Verzicht auf all die Welttragödien nicht
Ich brauchte nur den ganzen Mut zu tun endlich, was sich tut
So ergab sich unterdessen ein Leben voller Herzenslust
Es ließ sich schnell vergessen der gewohnten Alltagsfrust

Auf diesem Weg, einmal begonnen
verlor ich manch Begleiter
Was nichts hält ist schnell zerronnen
dennoch ging ich liebend weiter

Anstatt auf all den Sumpf zu schauen
fing ich an, an meinen Träumen zu bauen
Und siehe da, zu vieler Ort
waren schon neue, liebevolle Freunde dort

So weiß ich wohl von all den Tränen
an all den Tagen voller Leid und Klage
Doch weiß ich nicht, was es bedeutet
wenn sich mein Herz heute eben häutet

Ist das Morgen wieder gestrig
und die Zukunft schon antik
Ist grade das Jetzt für sich genommen
strahlend und vollkommen

Es ist nicht wichtig die Bedeutung,
ob Märchen oder Traurigkeit
Ob Glück, ob Hoffnung oder Leid
das Leben lebt in seiner ganzen Vergänglichkeit

Vers Ehen

Wem der Regen nicht gefällt
kann gerne trocken bleiben

Ein Leucht lichtet in die Welt hinein
und schenkt viel Tat zu neuen Muten

An Pfingsten singt das Osterei
denn da hat es frei

Das Huhn liegt ohne Scheu
ganz nackt im warmen Heu

Oh, ich vergaß
während ich hier saß und las
ganz den Vers
ganz das Maß

Verzeih mir lieber Gott
nicht das Hü, lieber das Hott

Das Publikum ist klug, nicht dumm
Unfug macht stumm und drum
summe ich jetzt das Lied
und subtrahiere das Leid

Wenn
denn
dann
Wonnen
unzeronnen
begonnen
in Wannen
von dannen
zu spinnen

Tierleben

Wäre ich ein Brummbär würde ich ganz gemütlich brummen
und mit den Honigbienen summen
Brumm summ brumm

Als Maikäfer ein wenig fliegen
und dann auf dem Rücken liegen
Einfach grundlos über genau die Sachen lachen
die sonst so unangenehm krachen

Wäre ich ein Känguruh, so spränge ich über manche Mauer
Vor zurück, wie ich halt will
hü hüpf hü hupf hü hüpf

Als Pferd da würde ich galoppieren
im Trab und im Schritt spazieren
Nehme meine Freunde gern auf meinem Rücken mit

Als Mücke würde ich stechen
piecks, summ rum und stich
Was ich mich sonst nicht trau

Als Vogel würde ich nicht nur fliegen
sondern ganz gezielt von oben dann nach unten scheißen

Als Schnecke hätte ich ein wunderbares Haus
mit Garten und Gemüsebeet
in dem die Zeit ganz schnell vergeht

Und als Zecke sitzt ich in der Hecke
Warte, hüpfe und krieche unter Deine Haut
mal sehen, wie es da ausschaut

Als Mensch würde ich ganz viel klagen
anstatt mal wieder etwas Neues zu wagen
Aber ich bin ja nur ein Gott
und so bleibt es halt beim alten Trott

Schöpfung

All der Kummer, all das Klagen
wo noch so viele Träume sind
All die Zeit etwas zu wagen
die jammernd durch die Finger rinnt

Und sind es auch nur die kleinen Träume
die hier nach Erfüllung streben
Sie brauchen eben Platz und Räume
in dem es möglich ist zu leben

Anstatt sie klanglos zu vergessen
oder gar uns selbst aufzugeben
ist es doch eher angemessen
sie in unserer Zeit zu leben

So ärgerlich sind stille Lügen
die tun, als ob wir alles wüßten
Wir sind dabei, uns zu betrügen
so als ob wir das wirklich müßten

Wieder verwundbar und verletzlich sein
die Liebe frei von Angst erleben
So kommen Wunder in die Welt hinein
und beleben unser Streben

Singen, tanzen, lieben, küssen
voller Glauben und voller Kraft
Mit Sinnlichkeit den Tag begrüßen
so wird Göttliches geschafft

So will ich nicht die Welt verändern
sondern bei dem was ich tu
freudig schon wissen
daß sie sich mit mir verwandelt hat

Erst im Schoß meiner Mutter
dann auf den Schultern meines Vaters
jetzt auf eigenen Füßen
Geborgen im Vertrauen
mit Lust und frei von Sinnen
in das ungewisse Meer der Sehnsucht strömen

Gute Nacht

Schlafe gut & schlafe ein
Schlafe aus & schlafe weit
in Dein Herz und durch die Nacht

Mal Deine Träume in die Welt
Damit sie Dir ein Leben lang
so wie sie ist
gefällt

Plitsch Platsch

Macht es in meinem Kopf Ding Dong
dann weiß ich, meine Gedanken spielen Ping Pong
und es ist Zeit für mich, mich auszuruhen

Hör ich mein Herz schlagen Puff, Puff
dann hör ich es auch sagen Uff, Uff
Es braucht mal wieder seinen Frieden
und es ist Zeit für mich, mich selbst zu lieben

Wenn meine Beine zittern, Kling, Klong
Hab ich genug Bewegung
Und schau im Fernsehsessel King Kong

Wenn mein Magen röhrt, Blup Blup
dann hab ich doch vergessen
mal wieder gut zu essen
und fahre in ein schönes Restaurant, Hup Hup

Wenn ich schon lange nicht mehr lache
dann ist das eine ernste Sache
Und ich kitzel mich drei Stunden lang
bis das Grinsen kommt

Vielleicht nur deswegen
weil ich mir gerade eben
in die Hose gemacht habe
Plitsch, Platsch, Patsch naß und fröhlich

Parasiten

Tote Ikonen einer Gesellschaft
aus lässigen Sprüchen
Bierdeckel-Philosophien
und bedrückende T-Shirts

So leicht sie sich taten
es auf oder in den Arm zu nehmen
so schwer fiel es dann
sich beim Fallen zu halten

Sie waren verbunden
und nannten sich Freund
dabei zogen sie nur
am selben Joint

Drogen vor Lieben
war ihre Devise
Geld über alles
ihr Ego ein Riese

Der Wunsch etwas mehr
ans Licht zu bringen
gefiel nicht so sehr
es wollte nicht gelingen

Doch so taub sie auch werden
so laut ihr auch schreit
für den Schmerz auf Erden
ist keine Droge bereit

Eine bittere schwarze Wolke
hält diese Melodie am Leben
all dem hilflosen Volke
bis wir die Schuld vergeben

Zukunft

Frag ich, was wünschst Du Dir
ist die Antwort oft kein Teil von Dir
Frag ich, was magst Du nicht
So hast Du oft schon viel davon
Sag doch mal, was wünschst Du dir
Wie, wann, wo und mit wem

Jetzt! Bitte keine Klagen
Da gibt es schon genug
Erzähle Deine Träume
Höre den Klang des Zaubers
dann bist Du die Antwort
aller Deiner Fragen

Vielleicht nur eine Sekunde
aber Du kommst immer wieder
zu Dir selbst zurück

wer weiß warum er lebt
weiß auch bald wie er sich liebt

Fülle

Da ist Schmerz in meinem Herz
Ganz schön viel Schmerz in meinem Herz
Ich glaub, ich spüre mich oft nicht,
weil ich meinen Schmerz nicht spüren will.

Dabei macht er mich oft so lebendig,
greifbar, menschlich nah
und ist doch so selten da

Ich habe nicht gelernt ihm Platz zu geben.
Sein Ausdruck ist oft unbeholfen,
klein, feige und versteckt.

Wage ich das Abenteuer
und gehe durch das Feuer ?
Zeige mich so wie ich bin

Schrei

Ich schreie oft.
Seit ich meinen Schmerz sehe,
sehe ich auch den der Menschen um mich herum.
Hören kann ich leere Reden,
die sich in mir sammeln bis ich platze.

Da denk ich oft, ich bin verrückt
und weiß doch, nein, nein, nein
so bin, so will ich sein

Erwarte viel, vielleicht viel mehr
und fordere oft voll Ungeduld,
bis dann die Enttäuschung kommt
und mir in ihrem bitteren Gesang verrät

Es ist alles da für Dich
Wann siehst du mich
Es ist alles da für Dich

Aus dieser Fülle nehme ich meinen Mut
die Liebe, die Nähe und das Vertrauen
Laß liegen Zorn und Wut
sie sind zu schwer gut zu verdauen

Gebe mir selbst den eigenen Wert
gebe ihn auch gern weiter
daran ist nichts verkehrt
im Gegenteil, es stimmt sogar noch heiter

Bestimmt die Wahrheit sagen
Sich mal wieder alles nehmen
Setzt ein Ende all den Klagen
einfach so sein Leben nehmen

Es ist alles da für mich
Wann sehe ich Dich
Es ist alles da für mich

Tanzen, endlich wieder tanzen
mich drehen und die Welt mit Musik und Gesang
im Tanz verstehen

Lang genug hinter den Mauern gewartet
Lang genug in der Dunkelheit gesucht
Endlich wieder tanzen

bis mein Herz immer mehr, unendlich ich ist
die Bewegung durch meinen Körper
mitten in diese Welt hinein strömt
Endlich wieder meine Träume tanzen

Bis ich es rieche
meine Jugend, den Schnee
den Ort an dem ich lebe
die Erde, meinen Schweiß
die Nähe und das ganze Leben.

Es ist alles da
Ich sehe Dich

Es ist alles da
Ich höre Dich

Es ist alles da
Ich fühle Dich

Schmetterlinge

Nicht immer lassen Wörter einfach fließen
doch mir ist, du bist mein Herz am Gießen
Mit Klängen Deiner Stimme
singt der Chor der Augenblicke

Vom Sommer, der heute ist
Von Farben, die ich rieche
während ich mit meinem Atem
zärtlich in Deine Nähe krieche

zitternd, nackt und lieblich
flüster, wein und schrei
Ich Dich, ich Dich, ich Dich

Gedanken, die mein Selbst begraben
wie Regen, der vom Himmel fällt
Blumen tragen unseren Namen
Alles da und nichts zu sagen

Wir füllen die Räume, trinken das Feuer
sinken in die Liebe
und ich in Dich, in Dich, in Dich

In den Wolken der Bettdecken liegen
über die Wogen Deines Körpers fliegen
bis ich nicht mehr
und doch wie eine Welt bin
und weiß

daß wir neulich eine Liebe lang
wie die Schmetterlinge waren

Selbstliebe

Ich hatte Angst vor meinen Träumen
hatte Angst was zu versäumen
hatte Angst vor leeren Räumen
hatte Angst vor düsteren Bäumen

Ich habe mich vor mir verborgen
und will nicht mehr perfekt sein müssen
ich will mich spüren, will mich lieben
mich umarmen, mit mir fliegen
achten was da ist und was da kommt

Denk an mich und fühle mein Leben
denk an mich und fühle meinen Schmerz
will mir Nichts und Alles geben
aus der Mitte meines Herz

Lachen, weinen und dann atmen
in lauter schönen Augenblicken
an der Wirklichkeit entlang
blühen schon die Blumen
in diesem Garten

Ich hatte Angst vor meinem Zweifel
hatte Angst vor meinem Kummer
will die Wahrheit endlich leben
und das altbekannte Leiden meiden

So bitte ich all die Kraft
die mich umgibt und in mir ist
daß sie das alles mit mir schafft
ohne viel Streit und Zwist

Laß mich umarmen und mich lieben
ob im Regen oder Sonnenschein
ob Ängste bleiben oder blieben
ich will immer, immer öfter sein.

es akzeptieren
es zu lassen
wie und was es ist

denn in Wirklichkeit
gedeiht mit Achtsamkeit
die Liebe

sosollsein

So soll sein
was da ist in einem Herz
und finden seinen Platz
aus dem heraus die Melodien in die Ohren fließen
und der Zauber sich vermehrt
in kleinen und in großen Wundern

Und das, ich hör die Winde flüstern
ist heute schon, gleich wieder und ach immer schon geschehen
Im Augenblick versteckt es sich vielleicht mit List
um Dir den Platz zu geben, den Du brauchst
und ein Lächeln Dir zu nehmen

unterwegs

der weg ist das ziel ist der weg ist das ziel ist der weg

geh deinen weg
und geh nicht weg
denn wenn das ziel weg ist
dann ist das ziel der weg
und wenn der weg ziel ist
dann ist das ziel weg
und du bist unterwegs

der weg ist das ziel ist der weg ist das ziel ist der weg

Spiegel

Heute schaut dieser Mensch wie ein Buddha aus
Sein Lächeln, das sich über mich ergießt
hüllt mich in einen goldenen Schimmer
in dem die Liebe fließt

Lieber Gott,
laß mich diesen Blick behalten
Doch schon merke ich, er weicht
dem lange schon und alt bekannten
Daß mir das was ist
zum glücklich sein nicht reicht

So sehe ich nur mich im Spiegel
mit all den Sorgen, all den Falten
und wie ich mich auch striegel
das Schicksal bleibt am walten

Wellenspiele

Alles ist schon da
gleich hier
die Augen geöffnet
erkenne ich
wie es mich umspielt

zärtlich, sanft und leise
sprudelnd, hart, brutal
im Spiel der Gegensätze

Langsam löst sich der Anker aus Metall
und das Schiff wiegt im Meer
ohne Ziel
mit den Segeln des Atems
unter den Bildern des Mondes
hin zu mir

ich bin schon da
gleich hier
die Augen geschlossen
erkenne ich
wie ich mich umspiele

zärtlich, sanft und leise
sprudelnd, hart, brutal

Traumhaft

Ich hatte einen Traum
und er wurde unterbrochen
von einem Werbespott
der die Leere aufblies

Ich hatte eine Idee
und sie wurde überfahren
von einem Versicherungsvertreter
der mir die Angst verkaufte

Ich hatte ein Kind
und es wurde abgetrieben
denn der Leib war willig
doch der Geist noch nicht bereit

Ich hatte ein Fahrrad
das habe ich geliebt
dann bin ich älter geworden
und es ging kaputt

Ich hatte einen Freund
den ich gern besuchte
er nimmt jetzt härtere Drogen
als ich verkraften kann

Ich hatte ein Leben
ein ganzes Leben
habe viel gedacht
und Karriere daraus gemacht

Traum, Idee, Kind, Fahrrad und Freunde
waren um ihren Platz in diesem Leben gebracht

Dunkelgraue Elefanten

Unverstandene Tränen verstecken sich im der Mitte des Nichts
Verstummte Schreie verschweigen das brüllend, verletzte Tier
das dumpf stampfend in den verklebten Magenhöhlen lebt
Selbst die Angst, als falschen Freund
und das Mißtrauen, als ungebetenen Berater
sind verloren

Gesichter der Leere verlieren ihre Fassung in dem verlassenen
Hof des Schlafes
Der Ekel mordet die Gedanken weiter und Zweifel ziehen ihre
Schleimspuren
durch die Windungen eines zu klein gewordenen Kopfes
Trauer zerreißt die Träume und es kommt neblig eine
ungewisse Dämmerung,

Zuerst kann man nur die Umrisse erkennen.
Die Umrisse von großen grauen Massen,
man hört ein Stampfen, dumpf, gleichmäßig
das nur unterbrochen wird von tierischen Trompeten.
Es sind die dunkel grauen Elefanten, die durch
die Dämmerung marschieren und singen

Wie groß müssen diese Bäume sein
zwischen denen Elefanten spazieren gehen
ohne sich zu stoßen
Links ein Baum, rechts ein Baum
und zwischendrin ein Zwischenraum
in dem Elefanten spazieren gehen
ohne sich zu stoßen

Die Nacht

Im Sturm dunkler Nächte
zieht die Wehmut über Felder
Wenn sie nur die Hoffnung brächte
doch das Seufzen hört sich lieber selber

Schlaflos suchend schreit der Zweifel
Es schweigt die Zuversicht von oben
Die Angst grinst wie ein Teufel
tanzt herab zu dir am Boden

Bleibe in der Nacht auf Deinem Weg
Komm und müh Dich einfach drum
Sei einfach da und leb
bis die Sonne wieder kommt

Tränen, die sind schnell vergessen
wie Regentropfen verdunsten sie
Nachdem sie Dich gegossen
mit all ihrer Phantasie

Straßenmusik

Wir sangen zusammen
auf den Straßen dieses verschlafenen Dorfs
etwas lauter vielleicht, um es aufzuwecken
und tanzten dazu, um es selbst nicht zu übersehen
daß das Glück eine Kleinigkeit ist
die wir alle im Herzen haben

Wir erfanden die Strophen zum gleichen Refrain
und stimmten in die Abendsonne mit ein
Wir rochen den Frühling im Januar

Sing dudeldei, sing dudeldei, sing dudeldudeldei
Sing dudeldei, sing duedeldei, sing dudeldei sei frei

So gingen wir nebeneinander
ohne zu reden und ohne Namen
war da mehr als die Musik, was uns da verband

Keine Grenzen der Sprachen
über denen die Melodien keine
Brücken bauen können
Nur der Mut, das Summen
etwas hörbarer werden zu lassen

Der Wind trägt dich mit all Deinen Zellen durch die Welt
die dir - ob klein, ob groß - einfach gefällt

Sing dudeldei, sing dudeldei, sing dudeldudeldei
Sing dudeldei, sing duedeldei, sing dudeldei sei frei

Wohin Du willst, das weißt nur Du
Wer Dich dort trifft kann glücklich sein
Wenn Du gehst, dann kommt die Stille
wie ein Engel zu Besuch
Neigt sich die Welt an Deine Seite
leuchtest Du wie ein Opal

Der Baum

Im Nebel dieses weisen Baumes
hausen tausend Wunderfeen
die mit herbstlichen Gesang
den Augenblick vollkommen sehen

Ihr Schatten fällt wie das Licht
durch die Zweige auf die Erde
mir ist als ob die Seele spricht
von einem Traum der erst noch werde

Manch Vogel hält hier liebend inne
auf diesem königlichen Thron
gibt dem Schauspiel seine Stimme
singt so fröhlich ohne Lohn

Der Baum erträgt die Zeit sehr weise
ganz schweigsam, stark und prächtig
hält er die Blätter im Winde ganz leise
und ist ganz ohne tun sehr mächtig

An ihm riecht man der Feen Duft
hört das Leben aus den Wurzeln steigen
träumt von den Vögeln in warmer Luft
und wird eins mit seinem Stamm und Zweigen

Das Meer

In seinen dunklen Tiefen
birgt es viele Welten
die in Ruhe und in Frieden
dort im Blau versunken zelten

Der Welle nacktes Wesen
trägt die Tiefe in ihrer Gischt
die in sich selbst genesend
sogar die großen Wogen bricht

Rauschend ist das viele Wasser
überall und immerwährend
denn es vereinigt als Verfasser
Leben und Tod als Paar gebärend

Der Tisch

Der Tisch steht
die Gläser wackeln
wir fallen
über uns her

Erst besessen
dann romantisch
immer wild
nie ungefähr

Paaren uns in voller Lust
im Herzen warm und weit
in diesem Augenblick
zur Ewigkeit

Jetzt, wie wir uns wollen
Jetzt, wie wir uns kennen
Jetzt
und unsere Münder verschmelzen in einem Kuß

Sonnenuntergang

Nicht jede Dorne hat seine Rose
nicht jeder Mann hat eine Frau
nicht jede Jacke ihre Hose
nicht jeder Tag ist blau

So steht und fällt die Sonne
zu dieser Abendstunde
verschlafen in die Dunkelheit
dreht eine unsichtbare Runde

Jede Blume war ein Samen
jedes Gras kennt einen Witz
jedes Kind kriegt einen Namen
jeder Donner seinen Blitz

So steigt und tränkt der Mond
die Welt in weißes Licht
und nur der Dichter wacht
schreibend über dem Gedicht

Mrs. Trauen

Hab ein Mädchen erst gesehen
und schwor in tugendhafter Treue
meine Wege nur mit ihr zu gehen
doch schon bald da kam die Reue

Zu schnell verlor ich die eigenen Wege
tauchte in ein anderes Leben lustvoll ein
dacht ich bräuchte ihre Pflege
konnte nicht ehrlich zu mir sein

Frieden, Freude und einen Gruß
Wie es war, war es geschehen
Doch vor dem nächsten Kuß
freute ich mich wieder zu gehen

Wachte auf, fing an zu lachen
Fand die Freude in der Welt
Selbst einen Narren aus sich zu machen
ist was meine Seele wirklich unterhält

Tod

Dies ist ein klagendes Gedicht
wenig Hoffnung herbei rufend
Zieht es grau und bitter ins Gericht
wo Zweifel den Zynismus suchen

Der Frieden dieser Tage
an dem sich Fensterscheiben lieben
schreckt mit leiser Klage
läßt die Einsamkeit im Bette liegen

Kontrolliert in eigenen Qualen
badet in einem dunklen See das Leid
Will sich selber nicht gefallen
raubt Freunden letztendlich ihre Freud

Da seht wie schlecht es steht
Jetzt ist das alles bald vorbei
Zieht und zerrt wie ein Magnet
das Unglück rufend selbst herbei

Fehlt zum Sterben auch der Mut
kommt der Schlaf den Bruder suchend
Wird es auch Morgen nicht so gut
erlöst die Bitterkeit still fluchend.

Geht und laßt das Selbst bestrafen
denn das Herz braucht diese Zeit
Sowohl bei dummen als auch schwarzen Schafen
ist es zur Vergebung immer bereit.

Für Freddy

Dich zu sehen war ein Genuß
Mit dir zu tanzen - wunderschön
Dein Lächeln wie ein Kuß
Ich möchte Dich gerne wiedersehen

Dich zu hören war ein Gedicht
Dich zu spüren die Sinnlichkeit
Ein Kunstwerk Dein Gesicht
Du wunderbare Kostbarkeit

Dich zu kennen war ein Geschenk
Dich zu lieben das war Gefahr
Denn wenn ich daran denk
Ist Aids nicht wunderbar

Der Hofnarr

Schreibt der Hofnarr ein Gedicht
freut sich der schlechte König nicht
Denn kommt die Wahrheit mal ans Licht
sieht man sein häßliches Gesicht

Doppelte Staatsbürgerschaft

Reformen gab und gibt es viel
Zu streiten wo sonst Frieden wär
Das ist der Regenten liebstes Spiel
Bringt es nur Macht und Ansehen her

So kommt bald neu gedrucktes Geld
Und das Lernen neues Recht zu schreiben
Ob das die Armen wirklich unterhält
Wird nicht lang im Dunklen bleiben

Jetzt diskutiert die halbe Bürgerschafft
Und sagt zu all dem doppelt
Während sie eine Hälfte außer Lande schafft
Denn nur ein deutscher Hase hoppelt

Auch der Hofnarr will jetzt reformieren
Er fordert ein Verbot für Doppelnamen
Und dann du liebe CDU und CSU
bleibt nur CU, sprich eine Kuh

Advent

Im Advent, da kann so vieles kommen
Bemerkt der Hofnarr, recht benommen
Als er den Weihnachtsmann, beklommen
zwischen seinen Schokoladenbrüdern trifft, den Frommen

Was machst Du hier, wollt der Narr gleich wissen
Wie geht es Dir, fragte er beflissen
Der Weihnachtsmann sah ihn zitternd an
als er nach Zögern das Antworten begann:

Überwintern und Verstecken
bei meinem kleinen Bruder
Bin noch voller Schrecken
das war so ein Geschluder

Etwas Glühwein hatte ich getrunken
bei einer schönen Frau
Bin in ihrem Arm gesunken
mehr weiß ich nicht genau

Was kam war nicht sehr weihnachtlich
Es grämte meine Frau zu Haus
Sie schimpfte, laut und ärgerlich
und schmiß mich einfach raus

Jetzt muß ich alleine überwintern
bis sich legt die Wut im Weib
Blick im Supermarkt solang auf schöne Hintern
mein neuer weihnachtsmännlicher Zeitvertreib

Euro

Viele sind dem Geld sehr zugeneigt
das sah der Hofnarr schon recht lange
Doch wenn man den Verlust verschweigt
wird es ihm doch schon sehr bange

Das gute Geld, erhält neue Kleider
und der Kaiser, der sie bestellt
hat die alte Gier als Schneider
damit er die Macht bei sich behält

D Mark hin und Euro her
das Spiel, das bleibt das gleiche
Das Leben ohne Geld ist schwer
und die Gier schafft manche Leiche

Krieg, der kommt von kriegen
und wir kriegen alle nicht genug
So bleibt das mit dem Frieden
viel zu oft nur Selbstbetrug

Denn wenn wir scheinbar auch gewinnen
sind viele andere am verlieren
So sollte sich jeder Mensch doch bald besinnen
schlimmes sollt nicht noch länger einfach passieren

Wenn selbst den Reichsten nichts mehr reicht
Und dieser Wahnsinn, der ist alt
Sich Tod und Krieg in Länder schleicht
Nicht nur den Armen wird es dann kalt

So bitte ich zum neuen Geld
auch Weisheit und Verstand
die achtsam regieren in dieser Welt
Alles andere ist zu riskant

Das Schlachtfeld

Wenn Liebe ein Schlachtfeld ist
dann bin ich ein Krieger

Ich kämpfe für die Liebe
mit meinem ganzen Leben
und meiner ganzen Liebe

Wenn man mit Liebe kämpft
dann gibt man
Man gibt sein ganzes Leben
seine ganze Liebe

So lebt man seine Liebe
und liebt sein Leben

Wenn man mit Liebe kämpft
dann nimmt man
Man nimmt sein ganzes Leben
und die ganze Liebe, die einem gegeben wird

So nimmt man sein Leben
und man nimmt das Leben der anderen wahr
Nimmt ihre Liebe
respektiert ihren Weg

Wenn das Leben ein Schlachtfeld ist
kämpft man
Aber statt zu töten
Gebärt dieser Kampf Leben und Liebe

nachnacht

ich rieche den Regenbogen
du hörst den Wasserfall und fragst
ist da jemand und sieht ihn ?

eine Möwe ist die Antwort
sie schwebt am Horizont
zeitlos

wäre ich nicht neidisch auf sie
mir ginge es wie ihr
oder einer der Farben des Regenbogens

noch einmal einatmen und dieses strahlende gelb genießen
it is such a perfect day
nachnacht nachnacht

immer wieder
nachnacht
vortag
nachnacht
vortag

in der Mitte des Moments kommt die Stille
und ein Schmetterling fliegt in den Winter hinaus
weil er sich in eine Schneeflocke verliebt hat

oder einfach so
ohne weil

in den Winter hinein weiß lebend sein

Satte Welt

Ich glaube euch allen nicht
weder den Dichtern, noch den Dichten
viel zu satt ist diese Welt

Denn selbst die, die sich einen Platz in der ersten Klasse leisten
- lachen nicht. Obwohl doch gerade diese Geizkragen und
Millionäre, die der arbeitenden Masse ihren Reichmut und
deren Armtum rauben, gerade die sollten ein Lächeln, Zeit,
Aufmerksamkeit und Liebe in Übermut und Fülle verschenken.
Jetzt !

Die Zeit und Langweile, die hier jeder hat. All die Zeit wird
nutzlos zu Grabe getragen, an unendlich vielen Moorhühnern
auf endlich vielen Tasten, unter summendem Strom.

niemand trauert
niemand weint
niemand traut sich

viele rauchen
viele trinken
viele klagen

es bleiben die Kleinlichkeiten
nichtig

Nur die Berge, nur die Berge
sind wie das Meer, wie das Meer

Ein Himmel der vor Fülle immer öfter überfließt.

Jetzt und hier,
gibt es mehr
gibt es mehr
gibt es alles

Genuß

ist da
bei dir
jetzt
alle Liebe ?

und wenn sie jetzt
da bei dir ist
gibst du mir
bitte etwas
von dieser Liebe ?

wie auch immer
du kannst
wo auch immer
sie ist

genieße
sie
jetzt
so
wie
sie
dich
genießt.

Stille

Wenn die Angst größer wird als der Mut
beginnt der Schwermut
Die Stille die dann herrscht
ist nicht mehr still
sondern ohne Stil

Wenn der Mut größer wird als die Angst
hört die Armut auf
Die Stille die dann herrscht
ist wie die Musik
des Regenbogens

Ende

Das Buch ist hier Zuende
Die Liebe ist es, die bleibt

wer bleibt, der liebt
wer liebt, der bleibt

liebt die Bleibenden
bleibt die Liebenden

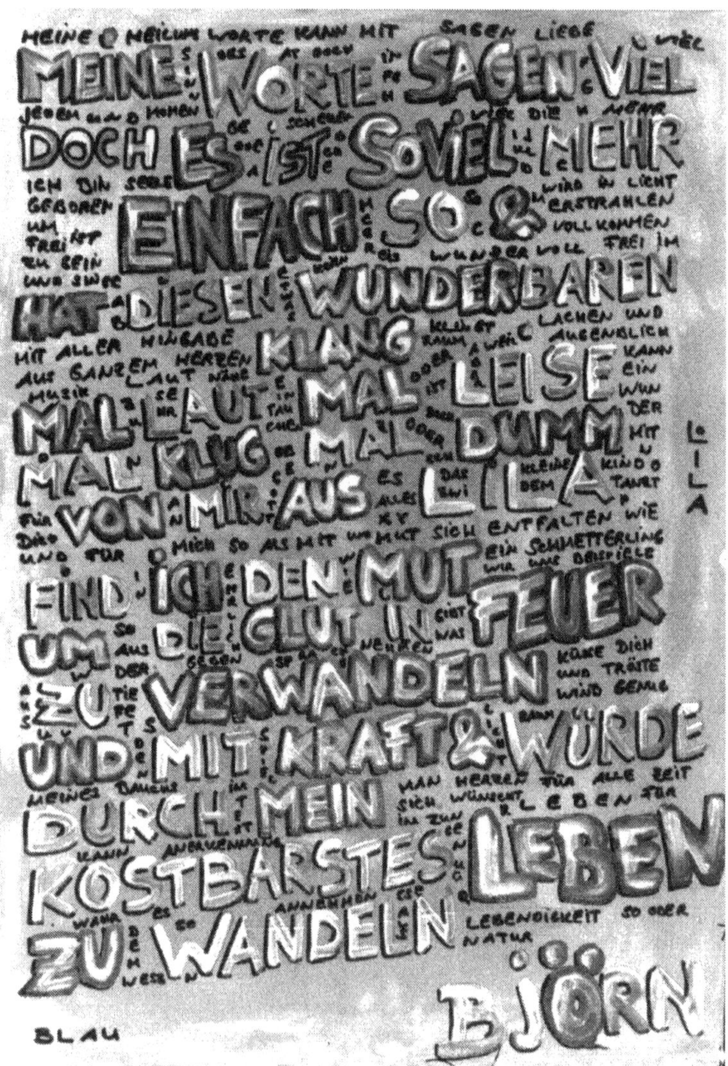

MEINE WORTE SAGEN VIEL
DOCH ES IST SO VIEL MEHR
EINFACH SO &
DIESEN WUNDERBAREN
KLANG
MAL LAUT MAL LEISE
MAL KLUG MAL DUMM
VON MIR AUS LILA
FIND' ICH DEN MUT
UM DIE GLUT IN FEUER
ZU VERWANDELN
UND MIT KRAFT & WÜRDE
DURCH MEIN
KOSTBARSTES LEBEN
ZU WANDELN
BJÖRN
BLAU
LILA